한자쓰기의 특징

JN375197

자연스러운 마음으로 긴장하거나 흥분하는 일이 없도록 항상 평안을 유지해야 바르게 글을 쓸 수 있습니다.

◆ 학습에 흥미를 유발하고 효과를 높이기 위해 학습과 연관된 재미있는 그림을 배치하였습니다.

◆ 매 장마다 별도의 종이 위에 따라 쓰기 연습을 충분히 하여 어린이들이 바르게 쓰는 습관이 되도록 하였습니다.

◆ 어린이들이 한자를 쉽게 익히고 오래 기억될 수 있도록 반복하여 학습 효과를 높이도록 한자쓰기 연습을 많이 할 수 있게 구성하였습니다.

◆ 한자를 익힌 후에 배운 한자가 들어간 낱말을 익히도록 한자어를 제시하여 스스로 깨달아 자연스럽게 읽고 쓸 수 있도록 구성하였습니다.

◆ 어린이들이 싫증이 나지 않도록 한 단계에 50자씩 제시하였습니다.

◆ 한자의 짜임새

삼각형	역삼각형	정사각형	직사각형	직사각형	마름모꼴	사다리꼴	역사다리꼴	원형	두 개로 짜임
△	▽	□	□	□	◇	△	▽	○	吅
土	丁	回	月	心	申	三	言	音	明
上	市	國	日	四	千	足	百	安	時

◆ 한자의 기본이 되는 획

丶	丶	꼭지점	ㄴ	ㄴ	오른갈고리	ㄱ	ㄱ	꺾어내리긋기
丶	丶	왼점	∨	∨	치침	ㄴ	ㄴ	꺾은 지게다리
丶	丶	오른점	＼	＼	파임	ㄱ	ㄹ	꺾어삐침
一	一	가로긋기	ノ	ノ	짧은삐침	丶	丶	변점
丨	丨	내려긋기	ノ	ノ	굽은갈고리	彡	彡	삐친석삼
一	一	평갈고리	ノ	ノ	누운지게다리	艹	艹	초두
亅	亅	왼갈고리	＞	＞	뉘어삐침	辶	辶	책받침

永字八法

중국 晋(진)나라 때의 서예가 왕희지(王羲之)가 고안한 것으로 영(永) 한 자로서 모든 글자에 공통하는 여덟 가지 운필법(運筆法)을 말한다.

① 측(側) : 모든 점의 기본이며, 가로 눕히지 않는다.
② 늑(勒) : 가로 긋기이며 수평을 꺼린다.
③ 노(努) : 내려긋기이고 곧바로 내려 힘을 준다.
④ 적(趯) : 갈고리이고 송곳 같은 세력을 요한다.
⑤ 책(策) : 치침이고 우러러 그어 주면서 살며시 든다.
⑥ 약(掠) : 삐침으로서 왼쪽을 가볍게 훑겨 준다.
⑦ 탁(啄) : 짧은 삐침으로서 높이 들어 빨리 삐친다.
⑧ 책(磔) : 파임이고 고요히 대어 천천히 옮긴다.

■ 다음 한자(漢字)를 앞장의 종이 위에 필순에 따라 바르게 써 봅시다.

校

학교 **교** 木부6획(10획)

校門(교문): 학교의 문.
校長(교장): 학교장.
分校(분교): 本校(본교)와 떨어진 곳에 세운 같은 계통의 학교.

校	校	校	校	校	校	校	校
校	校	校	校	校	校	校	校
校	校	校	校	校	校	校	校

敎

가르칠 **교** 攴부7획(11획)

敎生(교생): 교육 실습생.
敎授(교수): 대학에서 學問(학문)을 가르치는 사람.
敎育(교육): 가르쳐 기름.

敎	敎	敎	敎	敎	敎	敎	敎
敎	敎	敎	敎	敎	敎	敎	敎
敎	敎	敎	敎	敎	敎	敎	敎

월 일 요일					쓰기연습	확인	참 잘했어요	잘했어요
날씨								

앞장에서 배운 한자(漢字)를 필순에 따라 바르게 써 봅시다.

校	校	校	校	校	校	校	校
校	校	校	校	校	校	校	校
教	教	教	教	教	教	教	教
教	教	教	教	教	教	教	教

▲ 다음 한자(漢字)를 앞장의 종이 위에 필순에 따라 바르게 써 봅시다.

九

아홉 구 乙부1획(2획)

丿 九

九十(구십): 아흔.
九月(구월): 한 해의 아홉째 달.
九死一生(구사일생): 여러 차례 죽을 고비를 넘어서 겨우 살아남.

九	九	九	九	九	九	九	九
九	九	九	九	九	九	九	九
九	九	九	九	九	九	九	九

國

나라 국 口부8획(11획)

丨 冂 冋 冋 國 國 國 國

國學(국학): 한 나라 고유의 학문.
國外(국외): 한 나라의 영토 밖.
國民(국민): 그 나라의 國賊을 가진 사람.
國土(국토): 국가의 영토.

國	國	國	國	國	國	國	國
國	國	國	國	國	國	國	國
國	國	國	國	國	國	國	國

월 일 요일					쓰기연습	확인	참 잘했어요	잘했어요
날씨								

앞장에서 배운 한자(漢字)를 필순에 따라 바르게 써 봅시다.

九	九	九	九	九	九	九	九
九	九	九	九	九	九	九	九
國	國	國	國	國	國	國	國
國	國	國	國	國	國	國	國

▲ 다음 한자(漢字)를 앞장의 종이 위에 필순에 따라 바르게 써 봅시다.

軍

군사 군 車부2획(8획)

國軍(국군): 국가의 군대. 우리나라의 군대.
軍人(군인): 전쟁에 종사하는 것을 직무로 하는 사람.
軍備(군비): 국방상의 군사 설비.

軍	軍	軍	軍	軍	軍	軍	軍
軍	軍	軍	軍	軍	軍	軍	軍
軍	軍	軍	軍	軍	軍	軍	軍

金

쇠 금 金부0획(8획)

萬金(만금): 매우 많은 돈.
金光(금광): 황금의 광채.
先金(선금): 줄 돈의 전부나 일부를 미리 치르는 돈.

金	金	金	金	金	金	金	金
金	金	金	金	金	金	金	金
金	金	金	金	金	金	金	金

월 일 요일					쓰기연습	확인	참 잘했어요	잘했어요
날씨								

☯ 앞장에서 배운 한자(漢字)를 필순에 따라 바르게 써 봅시다.

軍	軍	軍	軍	軍	軍	軍	軍
軍	軍	軍	軍	軍	軍	軍	軍
金	金	金	金	金	金	金	金
金	金	金	金	金	金	金	金

▲ 다음 한자(漢字)를 앞장의 종이 위에 필순에 따라 바르게 써 봅시다.

南

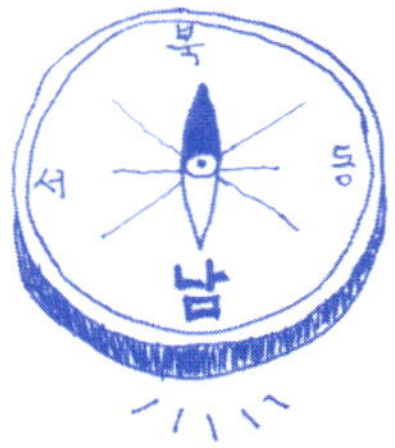

남녘 **남** 十부7획(총9획)

一 十 𠂇 冂 冂 冂 冂 南

南北(남북): 남쪽과 북쪽.
南軍(남군): 미국 남북 전쟁 때의 남쪽 군대.
南向(남향): 남쪽으로 향함.
南方(남방): 남녘. 남쪽지방.

南	南	南	南	南	南	南	南
南	南	南	南	南	南	南	南
南	南	南	南	南	南	南	南

女

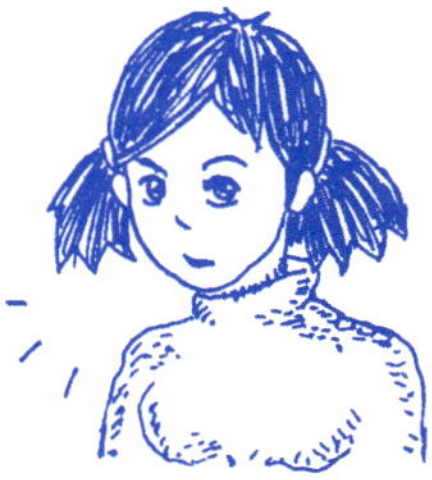

계집 **녀** 女부0획(총3획)

く 女 女

母女(모녀): 어머니와 딸.
女大(여대): 여자대학.
女流(여류): 전문적인 일에 능숙한 여성.
淑女(숙녀): 貞淑(정숙)하고 품위 있는 여자.

女	女	女	女	女	女	女	女
女	女	女	女	女	女	女	女
女	女	女	女	女	女	女	女

월 일 요일					쓰기연습	확인	참 잘했어요	잘했어요
날씨								

☯ 앞장에서 배운 한자(漢字)를 필순에 따라 바르게 써 봅시다.

南	南	南	南	南	南	南	南
南	南	南	南	南	南	南	南
女	女	女	女	女	女	女	女
女	女	女	女	女	女	女	女

▲ 다음 한자(漢字)를 앞장의 종이 위에 필순에 따라 바르게 써 봅시다.

年

해 **년** 干부3획(총6획)

丿 𠂉 𠂉 𠂉 𠂉 年

年金(연금): 국가나 단체가 개인에게 정한 금액을 정기적으로 급여하는 금액.
年內(연내): 그 해 안. 올해 안.
青年(청년): 젊은 남자.

年	年	年	年	年	年	年	年
年	年	年	年	年	年	年	年
年	年	年	年	年	年	年	年

大

큰 **대** 大부0획(총3획)

一 ナ 大

大：金(대금): 놋쇠로 징같이 만든 악기.
大：小(대소): 사물의 큼과 작음.
大成(대성): 큰 인물이 됨.
大望(대망): 큰 희망.

大	大	大	大	大	大	大	大
大	大	大	大	大	大	大	大
大	大	大	大	大	大	大	大

월 일 요일					쓰기연습	확인	참 잘했어요	잘했어요
날씨								

앞장에서 배운 한자(漢字)를 필순에 따라 바르게 써 봅시다.

年	年	年	年	年	年	年	年
年	年	年	年	年	年	年	年
大	大	大	大	大	大	大	大
大	大	大	大	大	大	大	大

다음 한자(漢字)를 앞장의 종이 위에 필순에 따라 바르게 써 봅시다.

東

동녘 **동** 木부4획(총8획)

一 丆 冂 冃 百 申 東 東

東西(동서): 동쪽과 서쪽. 공산권과 자유 진영.
東土(동토): 동쪽의 땅이나 나라.
東海(동해): 동쪽의 바다.

東	東	東	東	東	東	東	東
東	東	東	東	東	東	東	東
東	東	東	東	東	東	東	東

六

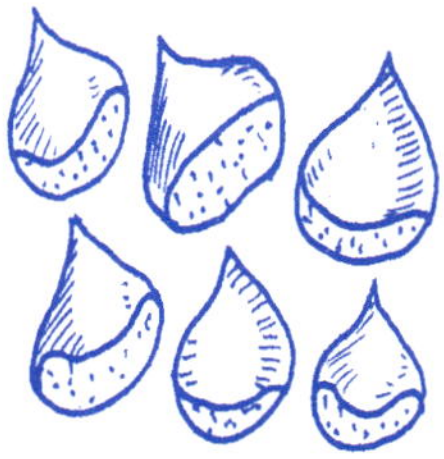

여섯 **륙** 八부2획(총4획)

丶 亠 亣 六

六月(육월): 한 해의 여섯 째 달.
六寸(육촌): 사촌의 형제자매.
六十(육십): 예순. 나이 예순 살.
六法(육법): 여섯 가지 기본법.

六	六	六	六	六	六	六	六
六	六	六	六	六	六	六	六
六	六	六	六	六	六	六	六

월 일 요일					쓰기연습	확인	참 잘했어요	잘했어요
날씨								

앞장에서 배운 한자(漢字)를 필순에 따라 바르게 써 봅시다.

東	東	東	東	東	東	東	東
東	東	東	東	東	東	東	東
六	六	六	六	六	六	六	六
六	六	六	六	六	六	六	六

▲ 다음 한자(漢字)를 앞장의 종이 위에 필순에 따라 바르게 써 봅시다.

萬

일만 **만** 艸부9획(총13획)

艹 芇 芇 苜 萬 萬 萬 萬

萬民(만민): 온 백성.
萬物(만물): 온갖 물건.
萬全(만전): 아주 완전함.
萬事(만사): 많은 여러 가지 일.

萬	萬	萬	萬	萬	萬	萬	萬
萬	萬	萬	萬	萬	萬	萬	萬
萬	萬	萬	萬	萬	萬	萬	萬

母

어미 **모** 毋부1획(총5획)

𠃊 𠃍 ⺟ 母 母

母校(모교): 자기가 졸업한 학교.
母國(모국): 자기가 출생한 나라.
母女(모녀): 어머니와 딸.
祖母(조모): 할머니.

母	母	母	母	母	母	母	母
母	母	母	母	母	母	母	母
母	母	母	母	母	母	母	母

월 일 요일	쓰기연습	확인	참 잘했어요	잘했어요
날씨				

앞장에서 배운 한자(漢字)를 필순에 따라 바르게 써 봅시다.

萬	萬	萬	萬	萬	萬	萬	萬
萬	萬	萬	萬	萬	萬	萬	萬
母	母	母	母	母	母	母	母
母	母	母	母	母	母	母	母

▲ 다음 한자(漢字)를 앞장의 종이 위에 필순에 따라 바르게 써 봅시다.

木

나무 목 木부0획(총4획)

一十才木

木工(목공): 나무로 만든는 일.
木造(목조): 나무로 만든 물건.
廣木(광목): 무명실로 거칠게 짠 폭이 넓은 베.

木	木	木	木	木	木	木	木
木	木	木	木	木	木	木	木
木	木	木	木	木	木	木	木

門

문 문 門부0획(총8획)

丨 𠃌 ⺆ 戶 門 門 門 門

門中(문중): 동성동본의 가까운 집안.
大門(대문): 큰 문. 집의 정문.
門前(문전): 문 앞. 대문 앞.
同門(동문): 같은 학교의 출신자.

門	門	門	門	門	門	門	門
門	門	門	門	門	門	門	門
門	門	門	門	門	門	門	門

월 일 요일					쓰기연습	확인	참 잘했어요	잘했어요
날씨								

앞장에서 배운 한자(漢字)를 필순에 따라 바르게 써 봅시다.

木	木	木	木	木	木	木	木
木	木	木	木	木	木	木	木
門	門	門	門	門	門	門	門
門	門	門	門	門	門	門	門

☗ 다음 한자(漢字)를 앞장의 종이 위에 필순에 따라 바르게 써 봅시다.

民

백성 **민** 氏부1획(총5획)

ㄱ ㅋ 𠃜 𠃜 民

民生(민생): 인민의 생활.
國民(국민): 그 나라의 국적을 가진 사람.
民心(민심): 국민의 마음.
民家(민가): 일반 백성이 사는 집.

民	民	民	民	民	民	民	民
民	民	民	民	民	民	民	民
民	民	民	民	民	民	民	民

白

흰 **백** 白부0획(총5획)

′ 丨′ 白 白 白

白軍(백군): 양편으로 가를 때의 한쪽 편.
白日(백일): 쨍쨍하게 비치는 해. 대낮.
白雪(백설): 흰 눈.
明白(명백): 뚜렷하고 환함.

白	白	白	白	白	白	白	白
白	白	白	白	白	白	白	白
白	白	白	白	白	白	白	白

월 일 요일					쓰기연습	확인	참 잘했어요	잘했어요
날씨								

앞장에서 배운 한자(漢字)를 필순에 따라 바르게 써 봅시다.

民	民	民	民	民	民	民	民
民	民	民	民	民	民	民	民
白	白	白	白	白	白	白	白
白	白	白	白	白	白	白	白

♣ 다음 한자(漢字)를 앞장의 종이 위에 필순에 따라 바르게 써 봅시다.

父

아비 **부** 父부0획(총4획)

丿 八 𠆢 父

父母(부모): 아버지와 어머니. 양친.
父兄(부형): 아버지와 형. 집안의 어른.
父親(부친): 아버지.
父子(부자): 아버지와 아들.

父	父	父	父	父	父	父	父
父	父	父	父	父	父	父	父
父	父	父	父	父	父	父	父

北

북녘 **북** 匕부3획(총5획)

一 丨 丬 丬 北

北韓(북한): 사변 후 휴전선 이북.
北東(북동): 북과 동의 중간 방위.
北方(북방): 북쪽. 북녘.
北門(북문): 북쪽으로 낸 문.

北	北	北	北	北	北	北	北
北	北	北	北	北	北	北	北
北	北	北	北	北	北	北	北

월 일 요일					쓰기연습	확인	참 잘했어요	잘했어요
날씨								

앞장에서 배운 한자(漢字)를 필순에 따라 바르게 써 봅시다.

父	父	父	父	父	父	父	父
父	父	父	父	父	父	父	父
北	北	北	北	北	北	北	北
北	北	北	北	北	北	北	北

▲ 다음 한자(漢字)를 앞장의 종이 위에 필순에 따라 바르게 써 봅시다.

四

넉 / 넷 **사** 口부2획(총5획)

丨 冂 冂 四 四

四寸(사촌): 아버지의 형제의 아들딸.
四大(사대): 물체를 구성하는 地, 水, 火, 風.
四角(사각): 네모. 네모진 형태.

四	四	四	四	四	四	四	四
四	四	四	四	四	四	四	四
四	四	四	四	四	四	四	四

山

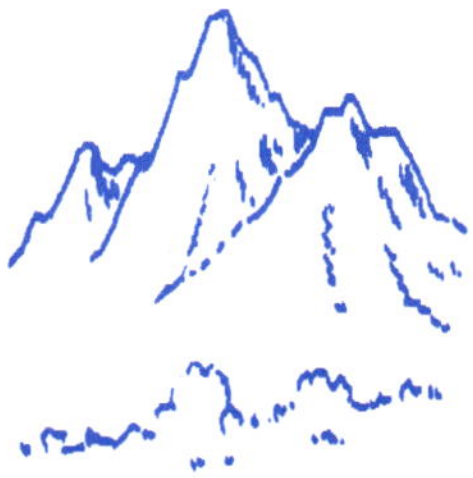

메 / 산 **산** 山부0획(총3획)

丨 凵 山

山中(산중): 산 속.
山水(산수): 산과 물. 산하의 경치.
山林(산림): 산에 있는 숲.
山河(산하): 산과 강.

山	山	山	山	山	山	山	山
山	山	山	山	山	山	山	山
山	山	山	山	山	山	山	山

월 일 요일					쓰기연습	확인	참 잘했어요	잘했어요
날씨								

앞장에서 배운 한자(漢字)를 필순에 따라 바르게 써 봅시다.

四	四	四	四	四	四	四	四
四	四	四	四	四	四	四	四
山	山	山	山	山	山	山	山
山	山	山	山	山	山	山	山

♣ 다음 한자(漢字)를 앞장의 종이 위에 필순에 따라 바르게 써 봅시다.

三

석 / 셋 **삼** 一부2획(총3획)

一 二 三

三國(삼국): 세 나라. 신라, 백제, 고구려.
三寸(삼촌): 세치. 아버지의 형제.
三伏(삼복): 초복. 중복. 말복을 이르는 말.
三省(삼성): 세 가지 일을 반성함.

三	三	三	三	三	三	三	三
三	三	三	三	三	三	三	三
三	三	三	三	三	三	三	三

生

날 **생** 生부0획(총5획)

丿 𠂉 牛 牛 生

生日(생일): 출생한 날.
先生(선생): 학생을 가르치는 사람.
生食(생식): 익히지 않고 날로 먹음.
生計(생계): 살아나갈 방도.

生	生	生	生	生	生	生	生
生	生	生	生	生	生	生	生
生	生	生	生	生	生	生	生

월 일 요일					쓰기연습	확인	참 잘했어요	잘했어요
날씨								

앞장에서 배운 한자(漢字)를 필순에 따라 바르게 써 봅시다.

三	三	三	三	三	三	三	三
三	三	三	三	三	三	三	三
生	生	生	生	生	生	生	生
生	生	生	生	生	生	生	生

▲ 다음 한자(漢字)를 앞장의 종이 위에 필순에 따라 바르게 써 봅시다.

西

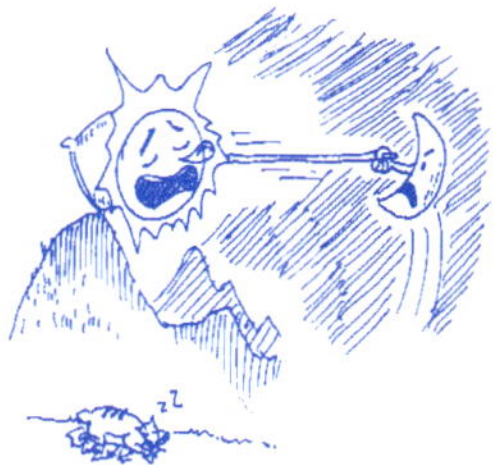

서녘 **서** 襾부0획(총6획)

一 丅 冂 丙 襾 西

西門(서문): 서쪽으로 낸 문.
西山(서산): 해 지는 쪽의 산.
西行(서행): 서쪽으로 감.
西海(서해): 서쪽의 바다.

西	西	西	西	西	西	西	西
西	西	西	西	西	西	西	西
西	西	西	西	西	西	西	西

先

먼저 **선** 儿부4획(총6획)

丿 𠂉 屮 生 先 先

先王(선왕): 선대의 임금.
先見(선견): 일이 일어나기 전에 미리 앞을 내다 봄.
先頭(선두): 첫머리.

先	先	先	先	先	先	先	先
先	先	先	先	先	先	先	先
先	先	先	先	先	先	先	先

월 일 요일					쓰기연습	확인	참 잘했어요	잘했어요
날씨								

앞장에서 배운 한자(漢字)를 필순에 따라 바르게 써 봅시다.

西	西	西	西	西	西	西	西
西	西	西	西	西	西	西	西
先	先	先	先	先	先	先	先
先	先	先	先	先	先	先	先

▲ 다음 한자(漢字)를 앞장의 종이 위에 필순에 따라 바르게 써 봅시다.

小

작은 **소** 小부0획(총3획)

丿 小 小

小女(소녀): 작은 여자아이.
小國(소국): 작은 나라.
小數(소수): 적은 수.
小兒(소아): 어린아이.

小	小	小	小	小	小	小	小
小	小	小	小	小	小	小	小
小	小	小	小	小	小	小	小

水

물 **수** 水부0획(총4획)

亅 才 水 水

水軍(수군): 물 위를 방위하던 군대.
水門(수문): 수로에 설치하여 수량을 조절하는 문
水面(수면): 물의 표면.

水	水	水	水	水	水	水	水
水	水	水	水	水	水	水	水
水	水	水	水	水	水	水	水

월 일 요일					쓰기연습	확인	참 잘했어요	잘했어요
날씨								

☯ 앞장에서 배운 한자(漢字)를 필순에 따라 바르게 써 봅시다.

小	小	小	小	小	小	小	小
小	小	小	小	小	小	小	小
水	水	水	水	水	水	水	水
水	水	水	水	水	水	水	水

다음 한자(漢字)를 앞장의 종이 위에 필순에 따라 바르게 써 봅시다.

室

집 **실** 宀부6획(총9획)

' 宀 宀 宀 宀 宀 宀 宀 室

敎室(교실): 학교에서 학생들이 수업하는 방.
王室(왕실): 왕의 집안. 왕가(王家).
室內(실내): 방안.

室	室	室	室	室	室	室	室
室	室	室	室	室	室	室	室
室	室	室	室	室	室	室	室

十

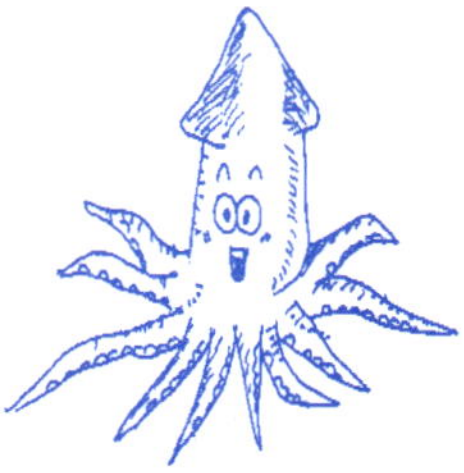

열 **십** 十부0획(총2획)

一 十

十日(십일): 열흘. 열흘날.
十年(십년): 열 해.
十分(십분): 아무 부족함이 없이.
十代(십대): 20살 안짝의 소년, 소녀의 시대.

十	十	十	十	十	十	十	十
十	十	十	十	十	十	十	十
十	十	十	十	十	十	十	十

쓰기연습

월 일 요일				
날씨	☼			

확인	참 잘했어요	잘했어요

앞장에서 배운 한자(漢字)를 필순에 따라 바르게 써 봅시다.

室	室	室	室	室	室	室	室
室	室	室	室	室	室	室	室
十	十	十	十	十	十	十	十
十	十	十	十	十	十	十	十

▲ 다음 한자(漢字)를 앞장의 종이 위에 필순에 따라 바르게 써 봅시다.

五

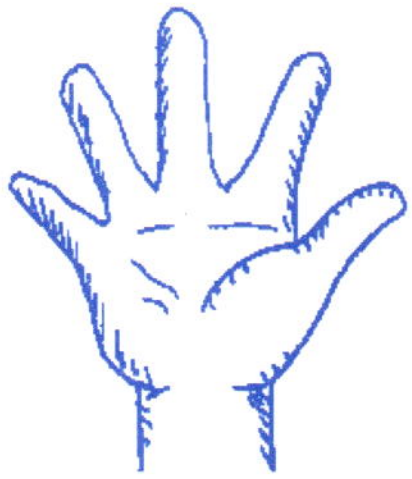

다섯 **오** 二부2획(총4획)

一 丆 万 五

五萬(오만): 퍽 많은 수량.
五月(오월): 일년중의 다섯째 달.
五色(오색): 다섯 가지 빛깔.
五福(오복): 다섯 가지 복.

五	五	五	五	五	五	五	五
五	五	五	五	五	五	五	五
五	五	五	五	五	五	五	五

王

임금 **왕** 玉부0획(총4획)

一 丅 干 王

王國(왕국): 왕을 통치자로 하는 나라.
王父(왕부): 할아버지.
王命(왕명): 임금의 명령.
王道(왕도): 임금으로서 지켜야 할 도리.

王	王	王	王	王	王	王	王
王	王	王	王	王	王	王	王
王	王	王	王	王	王	王	王

월 일 요일					쓰기연습	확인	참 잘했어요	잘했어요
날씨								

앞장에서 배운 한자(漢字)를 필순에 따라 바르게 써 봅시다.

五	五	五	五	五	五	五	五
五	五	五	五	五	五	五	五
王	王	王	王	王	王	王	王
王	王	王	王	王	王	王	王

♣ 다음 한자(漢字)를 앞장의 종이 위에 필순에 따라 바르게 써 봅시다.

外

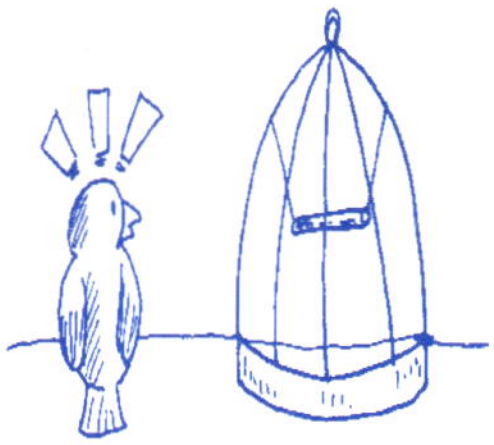

바깥 **외** 夕부2획(총5획)

ノ ク タ 夘 外

外國(외국): 다른 나라.
外人(외인): 어느 일에 관계없는 사람.
外交(외교): 외국과의 교제.
場外(장외): 일정한 장소의 바깥.

外	外	外	外	外	外	外	外
外	外	外	外	外	外	外	外
外	外	外	外	外	外	外	外

月

달 **월** 月부0획(총4획)

丿 刀 月 月

月日(월일): 달과 해.
年月(연월): 해와 달.
正月(정월): 일년중의 첫째 달.
歲月(세월): 흘러가는 시간.

月	月	月	月	月	月	月	月
月	月	月	月	月	月	月	月
月	月	月	月	月	月	月	月

월 일 요일					쓰기연습	확인	참 잘했어요	잘했어요
날씨								

앞장에서 배운 한자(漢字)를 필순에 따라 바르게 써 봅시다.

外	外	外	外	外	外	外	外
外	外	外	外	外	外	外	外
月	月	月	月	月	月	月	月
月	月	月	月	月	月	月	月

▲ 다음 한자(漢字)를 앞장의 종이 위에 필순에 따라 바르게 써 봅시다.

二

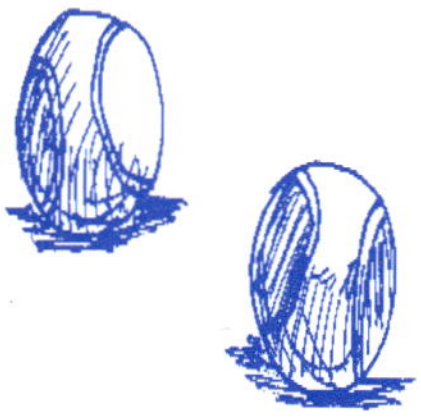

두 **이** 二부0획(총2획)

一 二

二大(이대): 두 개의 큰.
二十(이십): 스물. 나이 스무 살.
二重(이중): 겹침. 두 겹.
二等(이등): 둘째의 등급.

二	二	二	二	二	二	二	二
二	二	二	二	二	二	二	二
二	二	二	二	二	二	二	二

人

사람 **인** 人부0획(총2획)

丿 人

人民(인민): 사회를 구성하는 사람.
人生(인생): 사람의 목숨.
人品(인품): 사람의 됨됨이. 인격.
人命(인명): 사람의 목숨.

人	人	人	人	人	人	人	人
人	人	人	人	人	人	人	人
人	人	人	人	人	人	人	人

월 일 요일					쓰기연습	확인	참 잘했어요	잘했어요
날씨								

☯ 앞장에서 배운 한자(漢字)를 필순에 따라 바르게 써 봅시다.

二	二	二	二	二	二	二	二
二	二	二	二	二	二	二	二
人	人	人	人	人	人	人	人
人	人	人	人	人	人	人	人

▲ 다음 한자(漢字)를 앞장의 종이 위에 필순에 따라 바르게 써 봅시다.

一

한 **일** 一부0획(총1획)

一

一生(일생): 살아 있는 동안. 평생(平生)
一國(일국): 한 나라. 온 나라.
一味(일미): 첫째가는 좋은 맛.
一理(일리): 동일한 이치.

一	一	一	一	一	一	一	一
一	一	一	一	一	一	一	一
一	一	一	一	一	一	一	一

日

날 **일** 日부0획(총4획)

丨 冂 日 日

日人(일인): 일본 사람.
日日(일일): 날마다.
日課(일과): 날마다 일정하게 하는 일.
日氣(일기): 날씨. 천기.

日	日	日	日	日	日	日	日
日	日	日	日	日	日	日	日
日	日	日	日	日	日	日	日

월 일 요일					쓰기연습	확인	참 잘했어요	잘했어요
날씨	☼							

☯ 앞장에서 배운 한자(漢字)를 필순에 따라 바르게 써 봅시다.

一	一	一	一	一	一	一	一
一	一	一	一	一	一	一	一
日	日	日	日	日	日	日	日
日	日	日	日	日	日	日	日

▲ 다음 한자(漢字)를 앞장의 종이 위에 필순에 따라 바르게 써 봅시다.

長

길 **장** 長부0획(총8획)

丨 ⺁ ⺆ 镸 镸 镸 镸 長

長女(장녀): 맏딸.
長大(장대): 길고 큼.
長成(장성): 자라서 어른이 됨.
長孫(장손): 맏손자.

長	長	長	長	長	長	長	長
長	長	長	長	長	長	長	長
長	長	長	長	長	長	長	長

弟

아우 **제** 弓부4획(총7획)

丶 丷 䒑 䒑 弔 弟 弟

弟子(제자): 스승의 가르침은 받는 사람.
師弟(사제): 스승과 제자.
弟子(제자): 가르침을 받거나 받은 사람.
兄弟(형제): 형과 아우.

弟	弟	弟	弟	弟	弟	弟	弟
弟	弟	弟	弟	弟	弟	弟	弟
弟	弟	弟	弟	弟	弟	弟	弟

쓰기연습

월 일 요일					확인	참 잘했어요	잘했어요
날씨							

앞장에서 배운 한자(漢字)를 필순에 따라 바르게 써 봅시다.

長	長	長	長	長	長	長	長
長	長	長	長	長	長	長	長
弟	弟	弟	弟	弟	弟	弟	弟
弟	弟	弟	弟	弟	弟	弟	弟

▲ 다음 한자(漢字)를 앞장의 종이 위에 필순에 따라 바르게 써 봅시다.

中

가운데 **중** 丨부3획(총4획)

丨 冂 口 中

中年(중년): 청년과 노년 사이의 나이.
中學(중학): 중학교.
空中(공중): 하늘과 땅 사이의 빈 곳.
中食(중식): 점심 밥.

中	中	中	中	中	中	中	中
中	中	中	中	中	中	中	中
中	中	中	中	中	中	中	中

青

푸를 **청** 青부0획(총8획)

一 十 丰 龶 青 青 青 青

青年(청년): 청춘기에 있는 젊은 사람.
青山(청산): 나무가 무성하여 푸른 산.
青春(청춘): 청년.
青果(청과): 신선한 과일.

青	青	青	青	青	青	青	青
青	青	青	青	青	青	青	青
青	青	青	青	青	青	青	青

월 일 요일					쓰기연습	확인	참 잘했어요	잘했어요
날씨								

☯ 앞장에서 배운 한자(漢字)를 필순에 따라 바르게 써 봅시다.

中	中	中	中	中	中	中	中
中	中	中	中	中	中	中	中
青	青	青	青	青	青	青	青
青	青	青	青	青	青	青	青

▲ 다음 한자(漢字)를 앞장의 종이 위에 필순에 따라 바르게 써 봅시다.

寸

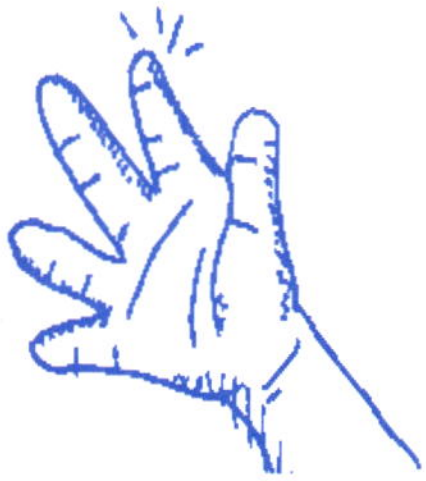

마디 **촌** 寸부0획(총3획)

一 寸 寸

寸外(촌외): 촌수를 따지지 않는 먼 친척.
寸長(촌장): 대수롭지 않은 기능.
寸數(촌수): 친족 사이의 멀고 가까운 관계를 나타내는 수.

寸	寸	寸	寸	寸	寸	寸	寸
寸	寸	寸	寸	寸	寸	寸	寸
寸	寸	寸	寸	寸	寸	寸	寸

七

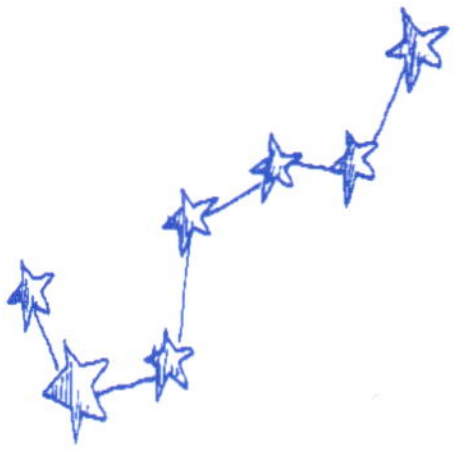

일곱 **칠** 一부1획(총2획)

一 七

七月(칠월): 한 해의 일곱째의 달.
七寸(칠촌): 일곱 촌. 아버지의 육촌.
七生(칠생): 일곱 번 다시 태어남.
七面鳥(칠면조): 꿩과의 새.

七	七	七	七	七	七	七	七
七	七	七	七	七	七	七	七
七	七	七	七	七	七	七	七

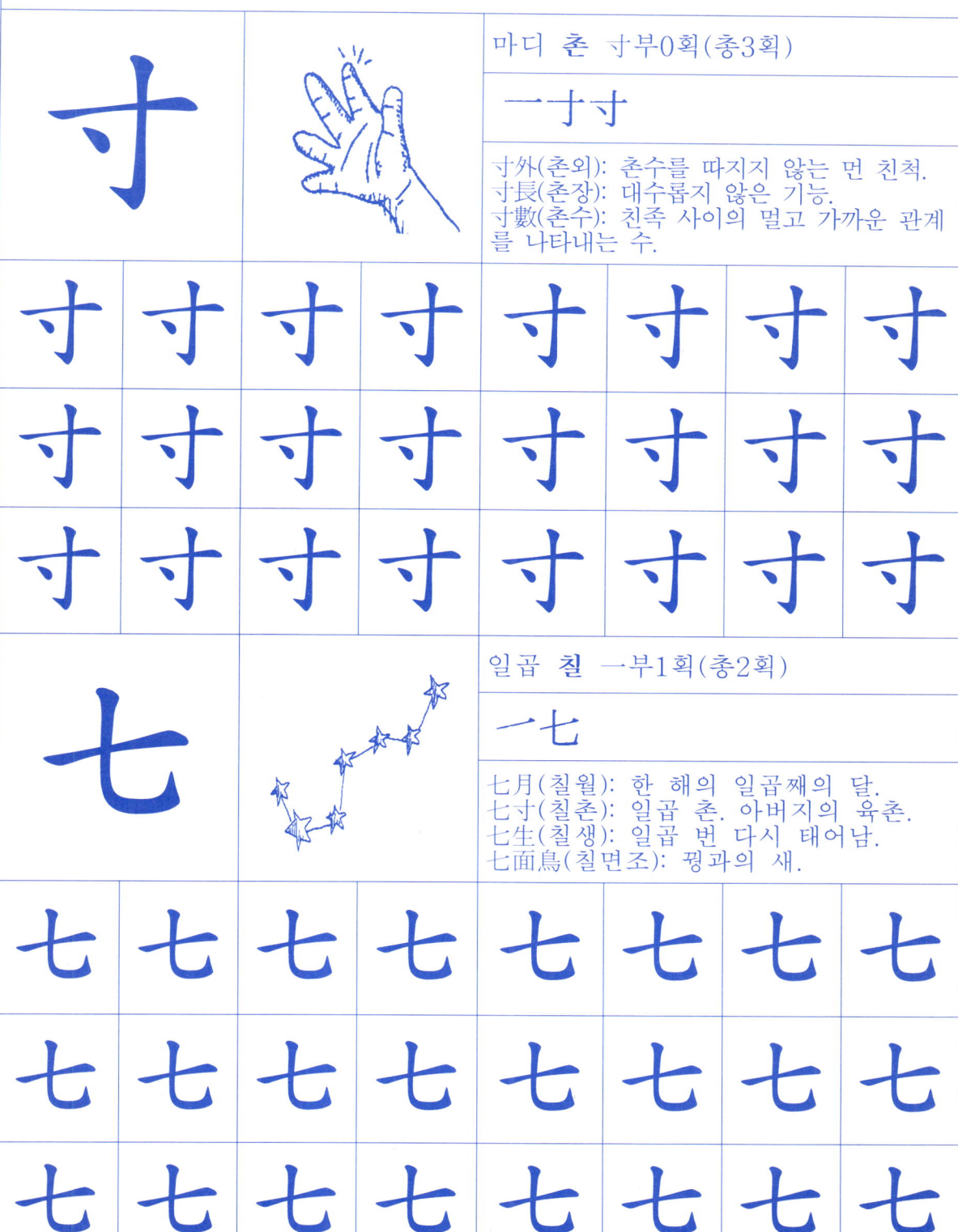

월 일 요일					쓰기연습	확인	참 잘했어요	잘했어요
날씨								

앞장에서 배운 한자(漢字)를 필순에 따라 바르게 써 봅시다.

寸	寸	寸	寸	寸	寸	寸	寸
寸	寸	寸	寸	寸	寸	寸	寸
七	七	七	七	七	七	七	七
七	七	七	七	七	七	七	七

▲ 다음 한자(漢字)를 앞장의 종이 위에 필순에 따라 바르게 써 봅시다.

土

흙 **토** 土부0획(총3획)

一 十 土

國土(국토): 나라의 땅.
土人(토인): 흑인(黑人).
土俗(토속): 그 지방의 특유의 풍속.
農土(농토): 농사짓는 데 쓰이는 땅.

土	土	土	土	土	土	土	土
土	土	土	土	土	土	土	土
土	土	土	土	土	土	土	土

八

여덟 **팔** 八부0획(총2획)

ノ 八

八九(팔구): 여덟이나 아홉.
八十(팔십): 여든. 나이 여든 살.
八道(팔도): 여덟 개의 행정 구역.
八方(팔방): 모든 방면.

八	八	八	八	八	八	八	八
八	八	八	八	八	八	八	八
八	八	八	八	八	八	八	八

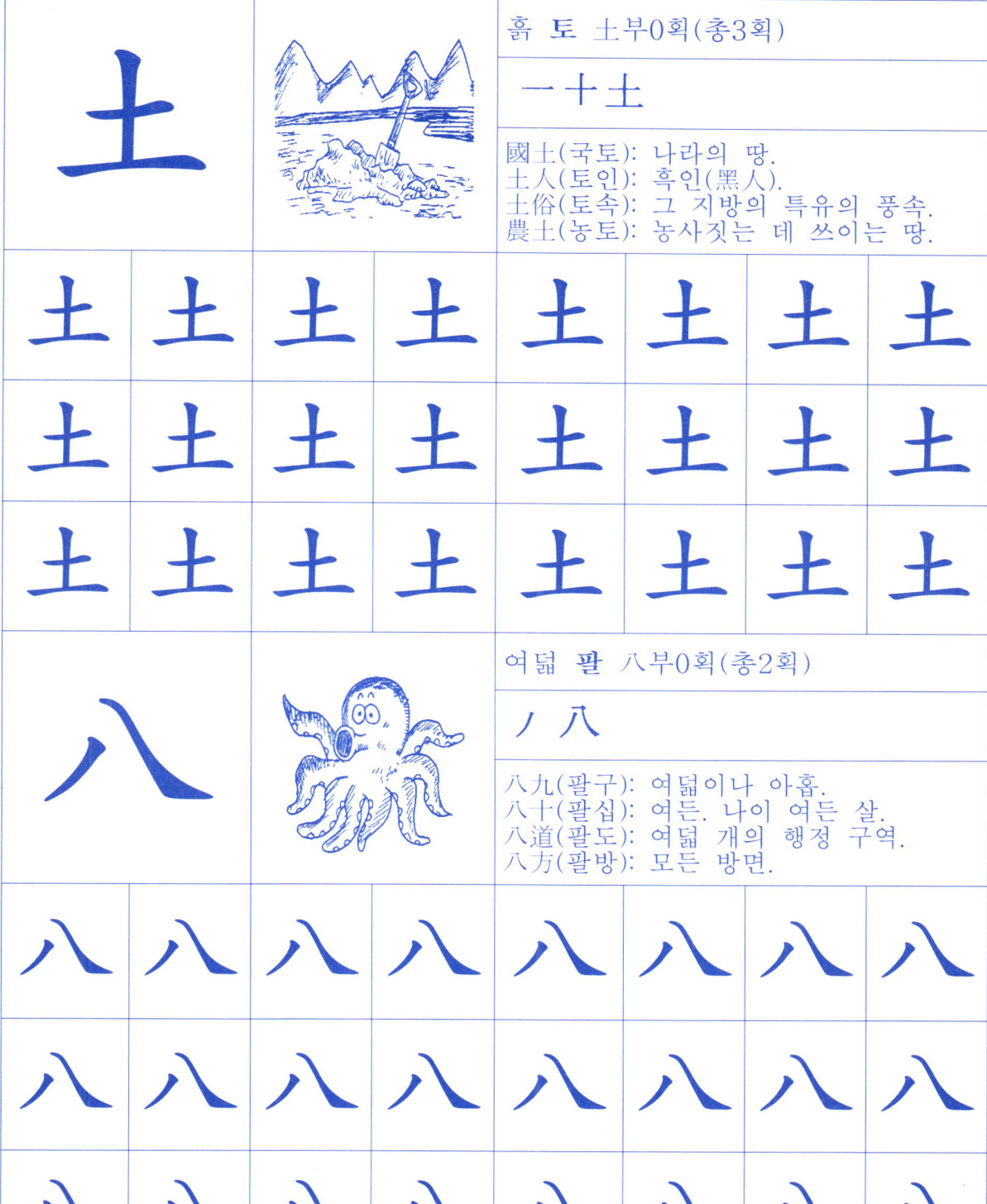

월 일 요일					쓰기연습	확인	참 잘했어요	잘했어요
날씨								

앞장에서 배운 한자(漢字)를 필순에 따라 바르게 써 봅시다.

土	土	土	土	土	土	土	土
土	土	土	土	土	土	土	土
八	八	八	八	八	八	八	八
八	八	八	八	八	八	八	八

△ 다음 한자(漢字)를 앞장의 종이 위에 필순에 따라 바르게 써 봅시다.

學

배울 **학** 子부13획(총16획)

𠂉 ⺊ 𦥑 𦥯 與 學 學

學年(학년): 일 년간의 학습 과정의 단위.
入學(입학): 학교에 들어가 학생이 됨.
學生(학생): 학문을 닦는 사람.
學校(학교): 교사가 교육하는 기관.

學	學	學	學	學	學	學	學
學	學	學	學	學	學	學	學
學	學	學	學	學	學	學	學

韓

나라 **한** 韋부8획(총17획)

十 古 卓 卓' 𠦝 韓 韓 韓

韓國(한국): 대한민국.
韓人(한인): 한국사람.
韓紙(한지): 한국 古來(고래)의 제조법으로 뜬 종이.

韓	韓	韓	韓	韓	韓	韓	韓
韓	韓	韓	韓	韓	韓	韓	韓
韓	韓	韓	韓	韓	韓	韓	韓

월 일 요일					쓰기연습	확인	참 잘했어요	잘했어요
날씨								

☯ 앞장에서 배운 한자(漢字)를 필순에 따라 바르게 써 봅시다.

學	學	學	學	學	學	學	學
學	學	學	學	學	學	學	學
韓	韓	韓	韓	韓	韓	韓	韓
韓	韓	韓	韓	韓	韓	韓	韓

▲ 다음 한자(漢字)를 앞장의 종이 위에 필순에 따라 바르게 써 봅시다.

兄

형 **형** 儿부3획(총5획)

丨 冂 口 尸 兄

兄弟(형제): 형과 아우.
學兄(학형): 學友를 존대하는 말.
兄夫(형부): 언니의 남편.
妹兄(매형): 손윗누이의 남편.

兄	兄	兄	兄	兄	兄	兄	兄
兄	兄	兄	兄	兄	兄	兄	兄
兄	兄	兄	兄	兄	兄	兄	兄

火

불 **화** 火부0획(총4획)

丶 丷 少 火

火木(화목): 땔나무. 火山(화산): 마그마가 땅 밖 위로 터져 나와 된 산.
火氣(화기): 불의 뜨거운 기운.
火田(화전): 산에 불을 질러 일군 밭.

火	火	火	火	火	火	火	火
火	火	火	火	火	火	火	火
火	火	火	火	火	火	火	火

월 일 요일					쓰기연습	확인	참 잘했어요	잘했어요
날씨								

앞장에서 배운 한자(漢字)를 필순에 따라 바르게 써 봅시다.

兄	兄	兄	兄	兄	兄	兄	兄
兄	兄	兄	兄	兄	兄	兄	兄
火	火	火	火	火	火	火	火
火	火	火	火	火	火	火	火

▲ 다음 한자(漢字)를 앞장의 종이 위에 필순에 따라 바르게 써 봅시다.

校	門		敎	生		九	月
校	門		敎	生		九	月
校	門		敎	生		九	月
校	門		敎	生		九	月
校	門		敎	生		九	月
校	門		敎	生		九	月
校	門		敎	生		九	月
校	門		敎	生		九	月
校	門		敎	生		九	月
校	門		敎	生		九	月

월	일	요일	쓰기연습	확인	참 잘했어요	잘했어요
날씨						

쓰기연습

빈칸에 앞장에서 배운 한자(漢字)를 필순에 따라 바르게 써 봅시다.

校	門		敎	生		九	月
校	門		敎	生		九	月
校	門		敎	生		九	月
校	門		敎	生		九	月

▲ 다음 한자(漢字)를 앞장의 종이 위에 필순에 따라 바르게 써 봅시다.

國	外		軍	人		萬	金
國	外		軍	人		萬	金
國	外		軍	人		萬	金
國	外		軍	人		萬	金
國	外		軍	人		萬	金
國	外		軍	人		萬	金
國	外		軍	人		萬	金
國	外		軍	人		萬	金
國	外		軍	人		萬	金
國	外		軍	人		萬	金

월 일 요일					쓰기연습	확인	참 잘했어요	잘했어요
날씨								

빈칸에 앞장에서 배운 한자(漢字)를 필순에 따라 바르게 써 봅시다.

國	外		軍	人		萬	金
國	外		軍	人		萬	金
國	外		軍	人		萬	金
國	外		軍	人		萬	金

다음 한자(漢字)를 앞장의 종이 위에 필순에 따라 바르게 써 봅시다.

南	北		母	女		年	金
南	北		母	女		年	金
南	北		母	女		年	金
南	北		母	女		年	金
南	北		母	女		年	金
南	北		母	女		年	金
南	北		母	女		年	金
南	北		母	女		年	金
南	北		母	女		年	金
南	北		母	女		年	金

월 일 요일					쓰기연습	확인	참 잘했어요	잘했어요
날씨	☼	☁	☂	☃				

☯ 빈칸에 앞장에서 배운 한자(漢字)를 필순에 따라 바르게 써 봅시다.

南	北		母	女		年	金
南	北		母	女		年	金
南	北		母	女		年	金
南	北		母	女		年	金

다음 한자(漢字)를 앞장의 종이 위에 필순에 따라 바르게 써 봅시다.

大	小		東	西		六	月
大	小		東	西		六	月
大	小		東	西		六	月
大	小		東	西		六	月
大	小		東	西		六	月
大	小		東	西		六	月
大	小		東	西		六	月
大	小		東	西		六	月
大	小		東	西		六	月
大	小		東	西		六	月

월 일 요일					쓰기연습	확인	참 잘했어요	잘했어요
날씨								

빈칸에 앞장에서 배운 한자(漢字)를 필순에 따라 바르게 써 봅시다.

大	小		東	西		六	月
大	小		東	西		六	月
大	小		東	西		六	月
大	小		東	西		六	月

⁂ 다음 한자(漢字)를 앞장의 종이 위에 필순에 따라 바르게 써 봅시다.

萬	民		母	校		土	木
萬	民		母	校		土	木
萬	民		母	校		土	木
萬	民		母	校		土	木
萬	民		母	校		土	木
萬	民		母	校		土	木
萬	民		母	校		土	木
萬	民		母	校		土	木
萬	民		母	校		土	木
萬	民		母	校		土	木

월 일 요일					쓰기연습	확인	참 잘했어요	잘했어요
날씨	☼							

빈칸에 앞장에서 배운 한자(漢字)를 필순에 따라 바르게 써 봅시다.

萬	民		母	校		土	木
萬	民		母	校		土	木
萬	民		母	校		土	木
萬	民		母	校		土	木

▲ 다음 한자(漢字)를 앞장의 종이 위에 필순에 따라 바르게 써 봅시다.

大	門		民	生		國	民
大	門		民	生		國	民
大	門		民	生		國	民
大	門		民	生		國	民
大	門		民	生		國	民
大	門		民	生		國	民
大	門		民	生		國	民
大	門		民	生		國	民
大	門		民	生		國	民
大	門		民	生		國	民

월 일 요일					쓰기연습	확인	참 잘했어요	잘했어요
날씨								

빈칸에 앞장에서 배운 한자(漢字)를 필순에 따라 바르게 써 봅시다.

大	門		民	生		國	民
大	門		民	生		國	民
大	門		民	生		國	民
大	門		民	生		國	民

다음 한자(漢字)를 앞장의 종이 위에 필순에 따라 바르게 써 봅시다.

白	軍		父	母		北	韓
白	軍		父	母		北	韓
白	軍		父	母		北	韓
白	軍		父	母		北	韓
白	軍		父	母		北	韓
白	軍		父	母		北	韓
白	軍		父	母		北	韓
白	軍		父	母		北	韓
白	軍		父	母		北	韓
白	軍		父	母		北	韓

월 일 요일					쓰기연습	확인	참 잘했어요	잘했어요
날씨								

☯ 빈칸에 앞장에서 배운 한자(漢字)를 필순에 따라 바르게 써 봅시다.

白	軍		父	母		北	韓
白	軍		父	母		北	韓
白	軍		父	母		北	韓
白	軍		父	母		北	韓

▲ 다음 한자(漢字)를 앞장의 종이 위에 필순에 따라 바르게 써 봅시다.

四	寸		山	水		三	國
四	寸		山	水		三	國
四	寸		山	水		三	國
四	寸		山	水		三	國
四	寸		山	水		三	國
四	寸		山	水		三	國
四	寸		山	水		三	國
四	寸		山	水		三	國
四	寸		山	水		三	國
四	寸		山	水		三	國

월 일 요일					쓰기연습	확인	참 잘했어요	잘했어요
날씨	☼	구름	우산	눈사람				

☯ 빈칸에 앞장에서 배운 한자(漢字)를 필순에 따라 바르게 써 봅시다.

四	寸		山	水		三	國
四	寸		山	水		三	國
四	寸		山	水		三	國
四	寸		山	水		三	國

▲ 다음 한자(漢字)를 앞장의 종이 위에 필순에 따라 바르게 써 봅시다.

生	日		先	生		西	山
生	日		先	生		西	山
生	日		先	生		西	山
生	日		先	生		西	山
生	日		先	生		西	山
生	日		先	生		西	山
生	日		先	生		西	山
生	日		先	生		西	山
生	日		先	生		西	山
生	日		先	生		西	山

월 일 요일					쓰기연습	확인	참 잘했어요	잘했어요
날씨								

빈칸에 앞장에서 배운 한자(漢字)를 필순에 따라 바르게 써 봅시다.

生	日		先	生		西	山
生	日		先	生		西	山
生	日		先	生		西	山
生	日		先	生		西	山

▲ 다음 한자(漢字)를 앞장의 종이 위에 필순에 따라 바르게 써 봅시다.

小	女		水	門		敎	室
小	女		水	門		敎	室
小	女		水	門		敎	室
小	女		水	門		敎	室
小	女		水	門		敎	室
小	女		水	門		敎	室
小	女		水	門		敎	室
小	女		水	門		敎	室
小	女		水	門		敎	室
小	女		水	門		敎	室

월 일 요일	쓰기연습	확인	참 잘했어요	잘했어요
날씨				

빈칸에 앞장에서 배운 한자(漢字)를 필순에 따라 바르게 써 봅시다.

小	女		水	門		教	室
小	女		水	門		教	室
小	女		水	門		教	室
小	女		水	門		教	室

▲ 다음 한자(漢字)를 앞장의 종이 위에 필순에 따라 바르게 써 봅시다.

十	年		王	國		外	人
十	年		王	國		外	人
十	年		王	國		外	人
十	年		王	國		外	人
十	年		王	國		外	人
十	年		王	國		外	人
十	年		王	國		外	人
十	年		王	國		外	人
十	年		王	國		外	人
十	年		王	國		外	人

월 일 요일					쓰기연습	확인	참 잘했어요	잘했어요
날씨								

☯ 빈칸에 앞장에서 배운 한자(漢字)를 필순에 따라 바르게 써 봅시다.

十	年		王	國		外	人
十	年		王	國		外	人
十	年		王	國		外	人
十	年		王	國		外	人

다음 한자(漢字)를 앞장의 종이 위에 필순에 따라 바르게 써 봅시다.

月	日		人	生		一	生
月	日		人	生		一	生
月	日		人	生		一	生
月	日		人	生		一	生
月	日		人	生		一	生
月	日		人	生		一	生
月	日		人	生		一	生
月	日		人	生		一	生
月	日		人	生		一	生
月	日		人	生		一	生

월 일 요일	쓰기연습	확인	참 잘했어요	잘했어요
날씨				

☯ 빈칸에 앞장에서 배운 한자(漢字)를 필순에 따라 바르게 써 봅시다.

月	日		人	生		一	生
月	日		人	生		一	生
月	日		人	生		一	生
月	日		人	生		一	生

▲ 다음 한자(漢字)를 앞장의 종이 위에 필순에 따라 바르게 써 봅시다.

長	女		兄	弟		中	學
長	女		兄	弟		中	學
長	女		兄	弟		中	學
長	女		兄	弟		中	學
長	女		兄	弟		中	學
長	女		兄	弟		中	學
長	女		兄	弟		中	學
長	女		兄	弟		中	學
長	女		兄	弟		中	學
長	女		兄	弟		中	學

월 일 요일					쓰기연습	확인	참 잘했어요	잘했어요
날씨								

☯ 빈칸에 앞장에서 배운 한자(漢字)를 필순에 따라 바르게 써 봅시다.

長	女		兄	弟		中	學
長	女		兄	弟		中	學
長	女		兄	弟		中	學
長	女		兄	弟		中	學

▲ 다음 한자(漢字)를 앞장의 종이 위에 필순에 따라 바르게 써 봅시다.

青	年		入	學		火	木
青	年		入	學		火	木
青	年		入	學		火	木
青	年		入	學		火	木
青	年		入	學		火	木
青	年		入	學		火	木
青	年		入	學		火	木
青	年		入	學		火	木
青	年		入	學		火	木
青	年		入	學		火	木

월 일 요일					쓰기연습	확인	참 잘했어요	잘했어요
날씨								

빈칸에 앞장에서 배운 한자(漢字)를 필순에 따라 바르게 써 봅시다.

青	年		入	學		火	木
青	年		入	學		火	木
青	年		入	學		火	木
青	年		入	學		火	木